AF348149

Prix : 50 Centimes

7,132

RICHARD WAGNER

ET

LES PARISIENS

Traduction complète de la comédie de M. Richard Wagner contre Paris assiégé avec une Préface et un portrait de l'auteur

SUPPLÉMENT AU NUMÉRO 19 DE L'ÉCLIPSE

PRÉFACE

Dimanche dernier, 29 octobre, M. Pasdeloup, oubliant que les plus vulgaires convenances lui commandaient de laisser la musique nouvelle de l'insulteur de Paris et de la France, aux vastes oreilles des gallophobes d'outre-Rhin, s'est entêté à exécuter la *Marche funèbre* du *Crépuscule des Dieux*, tirée du récent opéra en quatre soirées représenté sur le théâtre de Bayreuth.

Paris, provoqué dans son patriotisme, s'est levé et a sifflé à son tour celui qui lui a jeté la boue et l'affront, pendant qu'il subissait le bombardement des canons allemands.

Cet acte était un acte de justice.

Cependant, dans cette manifestation d'un peuple qui se sent encore quelque chose au cœur, ce n'est pas le musicien qui était en cause, c'était simplement l'homme haineux qui s'appelle Richard Wagner; — l'homme qui n'a pas assez de mépris pour la France et qui profita des jours de douleur et de misère pour essayer de livrer Paris à la risée de l'Allemagne et de l'Europe.

La presse parisienne a été en cette circonstance l'écho fidèle de l'opinion publique. A l'unanimité elle a condamné les théories si peu fières et si peu françaises de M. Pasdeloup.

« M. Pasdeloup, a dit M. L. Desmoulins dans le *Paris-Journal*, en faisant figurer le nom de Wagner sur son programme, savait qu'il allait susciter des tempêtes. Avec un peu de tact, il se serait abstenu, il aurait serré la bride à son zèle et muselé son apostolat. Il doit être Français avant d'être wagnérien, et c'est jouer à la France un bien mauvais tour que de l'exposer, pour les sifflets qui ont accueilli un morceau de musique d'outre-Rhin, à faire dire par la presse allemande : « Vous voyez comme ils reçoivent ce qui vient de chez nous ! »

« La question n'est pas *purement artistique*, écrit la *Patrie*. Nous l'avons dit et nous le répétons : ce n'est pas le talent de Wagner qui est en cause; ce n'est pas non plus sa nationalité. Peu nous importe que sa musique soit excellente ou ennuyeuse, que le compositeur soit né en Allemagne ou en Chine. On aurait pu oublier les sottes fanfaronnades de Wagner et son superbe mépris pour tout ce que nous applaudissons chaque jour. On a pu hausser les épaules quand il a écrit que nous ne comprenons que la musique du bal Mabille ; mais ce que tout Français n'oubliera pas, c'est que cet homme n'a pas hésité, aux jours mêmes où la France était sanglante et mutilée par le fait de ses compatriotes, à l'insulter lâchement et à railler ses malheurs. Il ne se possédait plus d'aise, il était enfin vengé dans son amour-propre de compositeur ; il écrivait de grossières injures pour nous punir d'avoir sifflé son *Tannhauser*.

« Et c'est de cet homme-là dont on voudrait aujourd'hui nous faire acclamer le nom.

« M. Pasdeloup, qui, sous des paroles mielleuses, cache un défi hautain, semble dire : Je veux jouer du Wagner et le jouerai malgré tout ; que ceux qui ne l'aiment ne viennent pas, je remplirai toujours mon Cirque.

« Nous n'en doutons pas : il y a plus de 50,000 Allemands à Paris.

« Si ce sont ces suffrages, ces applaudissements-là que M. Pasdeloup ambitionne pour son cher insulteur de la France, qu'il ne s'en prive pas !

« Seulement, le jour où il voudra jouer la musique de Wagner, il fera bien de mettre sur l'affiche, en grosses lettres :

Audition spéciale pour les Allemands.
Les Français ne seront pas admis.

« Pour nous résumer, nous lui poserons à nouveau la question à laquelle nous avons fait allusion hier :

« Si un compositeur français, le lendemain de la bataille d'Iéna, et après avoir bafoué les Prussiens dans ses écrits, était allé à Berlin faire exécuter sa musique dans des réunions *populaires*, aurait-il trouvé un M. Pasdeloup prussien qui eût pris fait et cause pour lui, et aurait-il été applaudi par la population prussienne ?

« Nous ne le pensons pas ; mais M. Pasdeloup répondrait affirmativement, que cela ne nous étonnerait guère. »

Dans un premier article, la *Patrie* avait fait cette révélation aussi curieuse qu'instructive :

« Quant à M. Pasdeloup, on dirait vraiment qu'il veut nous faire souvenir de son véritable nom, *Wolfgang*, nom qui signifie en allemand *pas de loup*, et qu'il a traduit ainsi pour nous Français. »

« Nous ne saurions condamner l'hostilité du public français contre un homme qui fait profession de haïr violemment et de mépriser la France, a dit l'*Événement*, et qui a exprimé ses sentiments à cet égard avec la plus incroyable grossièreté.

« M. Richard Wagner n'a droit chez nous à aucune bienveillance. Est-il en réalité, comme on l'assure, un rénovateur de l'art musical ?

« Nous n'avons pas à le discuter à cette place, mais nous en appelons aux plus chauds partisans de la musique de M. Wagner.

« Peut-on demander au public français d'oublier complétement que l'auteur de la musique qu'on lui fait entendre est un insulteur de la France, un homme qui a applaudi à nos malheurs avec une joie sauvage, sans doute parce qu'il croyait y voir la revanche de ses infortunes d'auteur sifflé ? »

« Ces scènes sont regrettables sous tous les rapports, personne ne saurait le contester ; mais ne sont-elles pas vraiment justifiées ? se demande la *France*. Pourquoi M. Pasdeloup s'obstine-t-il ainsi à vouloir imposer du Wagner à un public auquel la personnalité, bien plus que les théories du musicien, sont profondément antipathiques ? Quoi qu'en disent les rares partisans de l'auteur des *Nibelungen*, ce n'est point ce dernier que l'on siffle, mais bien l'insulteur de la France, l'homme lâche et sans cœur, qui crache aujourd'hui au visage du pays qui l'a accueilli autrefois avec sympathie. Certainement, l'art n'a point de frontières et de patrie, nous le prouvons bien en applaudissant chaleureusement Mendelssohn, Meyerbeer, Haydn, Beethoven, Mozart, Weber et tant d'autres ; mais la calomnie et la sottise en ont. »

Tous les journaux de Paris tiennent à peu près le même langage, et ce langage n'est point inspiré par la haine de l'Allemagne, mais par le sentiment patriotique que froisse si grossièrement l'entêtement tout allemand de M. Pasdeloup *(Wolfgang)*.

— Vous parlez d'insultes à la France, s'écrient les admirateurs de M. Wagner. Quelles insultes ? Qu'a-t-il dit ? Qu'a-t-il fait ?

Vous osez le demander !

Dans son volume : *Les Prussiens en Allemagne*, M. Tissot, qui nous a si plaisamment initiés aux mystères de la petite cour musicale de Bayreuth, a donné une brève analyse de l'inepte comédie que Wagner chercha à faire représenter sur les théâtres de Berlin quelques jours après la capitulation de Paris, — car c'était le moment que Wagner avait choisi pour ridiculiser la ville qui lui avait donné l'hospitalité, alors que tous les théâtres de l'Allemagne lui étaient fermés.

La pièce dont parle le livre de M. Tissot n'est pas une de ces œuvres écloses un jour de méchante humeur et qu'on oublie le lendemain.

C'est une œuvre préméditée.

M. Wagner s'en fait gloire et la présente, en tête du neuvième volume de ses œuvres complètes (1),

comme un de ses titres les plus sérieux à la reconnaissance de l'Allemagne et aux suffrages de la postérité.

C'est une diatribe lourde et sans esprit contre les défenseurs de Paris, — un charivari donné à la République, par cet ex-républicain et ex-barricadier de 1848, afin d'attirer les rois au balcon et de pouvoir leur tendre le chapeau.

M. Wagner qui construit des théâtres pour ses propres œuvres, car les autres théâtres ne sont pas dignes de les monter, — M. Wagner, cet ancien buveur de sang, qui n'humecte plus ses lèvres que de champagne et de bordeaux, — M. Wagner qui a une cour de musiciens à entretenir, a besoin aujourd'hui de solliciter la protection de ces rois dont il eût volontiers promené la tête au bout d'une baguette de tambour, lors des journées de Dresde.

C'est bien à lui d'insulter les républicains !

En sa qualité d'initié et de disciple du dieu musical de l'avenir, M. Pasdeloup *(Wolfgang)* devrait aussi savoir que c'est grâce aux suggestions de M. Wagner, que le roi de Bavière prit, en 1870, une attitude si rapidement hostile contre la France.

Ce n'est pas un journal français qui a raconté ce fait ; c'est un journal de Berlin : le *Berliner Tagblatt*.

Et Paris s'inclinerait devant cet ennemi acharné de la France, — il s'oublierait jusqu'à venir applaudir celui qui l'a bafoué !

C'est pour lors que M. Wagner rirait ! Et il aurait certes raison de nous donner ce surnom charmant de « peuple de singes. »

Gardons, au nom du ciel, gardons ce qui nous reste encore : — notre dignité !

L'outrecuidance de M. Pasdeloup *(Wolfgang)* dépasse toutes les bornes.

En face de son obstination à vouloir nous imposer la personnalité si souverainement répugnante de M. Wagner, il n'y a, ce nous semble, qu'une réponse à lui faire : c'est de livrer à la publicité la comédie que le musicien de l'avenir a écrite en 1870 contre Paris assiégé, sous le titre de : *Une Capitulation*.

Qu'on lise cette œuvre de vanité, de sottise et de haine plate et jalouse, et qu'on ose encore nous inviter à descendre dans le cirque, pour caresser la bête !

---

(1) *Gesammelte Schriften and Dichtungen von Richard Wagner. — Neunter Band. — Leipzig, Verlag von C. W. Fritzch, 1873.*

Un gros volume de 412 pages. (Se trouve à la Bibliothèque nationale.)

UNE CAPITULATION

Comédie à la manière antique

PAR

RICHARD WAGNER

PERSONNAGES :

VICTOR HUGO.
CHŒUR DE LA GARDE NATIONALE.
MOTTU, commandant de bataillon,
PERRIN, directeur de l'Opéra,
LEFÈVRE, conseiller de légation,
KELLER, } Alsaciens,
DOLLFUS, }   Chefs de chœur.
DIEDENHOFER, Lorrain,
VÉFOUR, CHEVET, VACHETTE,
JULES FAVRE, }
JULES FERRY, }   Membres du gouvernement.
JULES SIMON, }
NADAR.
FLOURENS, MÉGY et des TURCOS.
RATS DE PARIS.

Paris, en octobre 1870.

La scène représente la place de l'Hôtel-de-Ville. Au milieu, l'*autel de la République*, orné de bonnets rouges. Devant l'autel, une ouverture qui, tournée du côté du public, ressemble au trou du souffleur. L'escalier antique qui s'élève des deux côtés de la scène, dans le fond, forme le balcon de l'Hôtel de Ville. C'est, avec le rez-de-chaussée, tout ce qui reste de cet édifice. Par-dessus, on aperçoit la tour de Notre-Dame et le Panthéon. A droite et à gauche, au premier plan, les statues colossales de Metz et de Strasbourg. — Le jour commence. On entend de tous côtés les tambours battre la diane.

VICTOR HUGO

(Il passe la tête à travers l'ouverture sur le devant de l'autel, et, s'aidant de ses coudes, il parvient à sortir du trou. Il gémit et s'essuie le front).

    « Ah ! enfin je te respire, air de la ville sacrée !
    « Paris, ô mon Paris ! qui as si besoin de moi !
    « Je viens, oui, je viens, et suis réellement là !
    « Et je décrirai bientôt comment cela m'arriva.

Mon Dieu ! je parle en alexandrins. D'où me vient ce retour classique, moi qui suis né romantique ? Ce n'est que dans ma prose superbe que je puis raconter les prodiges de mes migrations. — *Les Misérables* ! — Oui, ce que j'y ai décrit, je viens de l'éprouver et de le subir... Incroyable !... Moi seul je pouvais en arriver là... Ah ! combien l'inspiration ajoute à l'étude !... C'est parce que j'ai étudié Paris avec tant de soin, c'est parce que je connais tous les égouts et les cloaques de la ville sainte, que je viens de découvrir le chemin de la civilisation tout entière !... Et ce chemin, ô France ! est celui de l'exil vers la patrie, pour ton poète immense ! D'effroyables frissons de volupté agitent mon cœur, quand je pense à cette course à travers tes entrailles, ô Paris !... J'en connaissais les abords mieux que tout autre... La pression magique de ma main en a ouvert la porte mystérieuse... Oui, je suis ici... non après avoir traversé les lignes prussiennes, mais en me faufilant au-dessous d'elles... Énorme !... Il faut avoir mon génie pour se sacrifier ainsi, ce qui est ma passion, comme chacun le sait. Mais pourquoi tout ce bavardage ? Je ferais mieux de garder ces flots de paroles pour mon prochain roman sur « Dieu. » Mon fabuleux retour à Paris me fournira seul la matière de 120 volumes. Vois maintenant, Victor, où tu te trouves ; ton instinct t'a conduit à coup sûr. C'est la place de Grève ; je sentais déjà en bas, à ne pas me tromper, que c'est ici que l'on pendit Esmeralda. (Et, par parenthèse, personne ne tentera de m'imiter en ce genre, ni Gutzkow, ni Laube (1). Mais, pas de distraction ! Mon message est

---

(1) Noms de deux auteurs dramatiques allemands.

sacré, tout comme je le suis moi-même ! (Il avance la tête et regarde autour de lui.)

Mais où suis-je ? qu'ai-je au-dessus de ma tête ? Ce n'est pas une potence. Non, c'est un échafaud, peut-être une sainte guillotine… Hum ! Est-ce là la place de la Grève ? Cependant, cependant !… Seulement je ne m'y reconnais pas : l'Hôtel de Ville avait des étages plus élevés.

VOIX SOURDES (s'élevant d'en bas. — A travers le bruit, un porte-voix) :

Victor ! Victor ! sois des nôtres !

VICTOR

Ah ! qu'est-ce que cela ? Qui est-ce qui m'appelle dans ces cloaques ? (il se retourne vers le trou.) Qui est-ce qui est là-bas ?

LES VOIX

C'est nous ! les vrais génies tutélaires de Paris !

Pendant ce temps, le chœur défile autour de la statue de Strasbourg ; chaque soldat détache un bouquet du canon de son fusil et le jette avec grâce sur les genoux de la statue.

MOTTU

A présent, jurez !

KELLER

Schuré (1) n'est pas là.

MOTTU

Bête d'Alsacien ! — Le jurement !

KELLER

Himmel (ciel) ! Kreuz (croix) ! Donner (tonnerre) ! Sacrelot (S. n. de D.) !

HUGO

Ah ! le romantique transfigure le classique inquiétant !

MOTTU

Répétons !

LE CHŒUR (avec peine et faisant des grimaces) Himmel ! — Kreuz ! — Donner ! — Rusig ! — Sacrelot !

MOTTU

Bien ! Serrez vos rangs ! Marchons sur Metz ! LE CHŒUR se dirige vers la statue de Metz, défile (devant elle et dépose des couronnes.

MOTTU

Où est le Lorrain ?

KELLER

Diedenhofer, sortez des rangs !

DIEDENHOFER

Me voici !

MOTTU

Thionvillier ! Jurez en Lorrain !

DIEDENHOFER

Hagel (grêle) ! — Bomben (bombes) ! etc.

HUGO (retirant sa tête)

Ah ! ceci est fort !

MOTTU

Répétons !

(Le chœur répète la parodie du serment.)

MOTTU

Citoyens grenadiers ! imprimez-vous bien ce que vous venez de jurer, c'est-à-dire de défendre ces deux villes jusqu'à la dernière goutte de votre sang,

(1) M. Schuré est un wagnérien enragé : M. Wagner lui témoigne sa reconnaissance en le ridiculisant.

et de ne jamais souffrir qu'une seule pierre en soit prise par l'ennemi barbare (1).

DIEDENHOFER

Dois-je aussi chanter quelque chose ?

HUGO

Vraiment ? Vos voix ont un murmure sympathique. Mais comment vous nommez-vous ?

UNE VOIX

Flourens, à toi la parole !

LA VOIX DE FLOURENS

Victor ! Victor ! je te le répète, sois des nôtres. Puis l'air, là dominent des esprits de vertige. Reste avec nous ; nous sommes les entrailles de Paris et avons à manger.

HUGO

Quels tiraillements ! Que ne puis-je me partager ! (On entend dans le lointain la musique militaire jouer une marche en s'approchant de la scène.) Ecoutez ! N'est-ce pas la Marseillaise ?

LA VOIX DE FLOURENS

Que t'importe ? Laisse ces fous !

HUGO

Quels accents mélodieux ! Je ne suis pas musicien, à la vérité, mais je reconnais la Marseillaise à la distance d'une lieue ! Il faut, il faut que je monte !

LA VOIX

Descends près de nous ! Il en est temps encore !

HUGO

Oui, oui, certes, je suis des vôtres ; mais laissez-moi écouter ces accents si énergiques que je n'ai plus entendus depuis longtemps.

(Le chœur de la garde nationale s'avance en chantant vers l'autel de la République :)

République ! République ! blique ! blique ! Républ — Républ — Républ — blique ! blique ! etc. Républ — publ — publ — pupubl — pupubl — Réplique, etc.

MOTTU

Halte ! Hommage à Strasbourg !

(Le chœur s'incline devant la statue de Strasbourg.)

HUGO (regardant avec curiosité)

Ah ! il y a cependant un noble sens dans ces antiques usages !

MOTTU

Présentez armes ! — Où est l'Alsacien pour chanter l'hymne ?

KELLER (en caporal)

Me voici !

MOTTU

Avancez ! Chantez !

KELLER s'avance et chante en dialecte alsacien :

O Strasburg ! O Strasburg ! du wunderschœn Stadt, etc.

MOTTU

Assez de chants frivoles. La situation est trop sérieuse. — Dansons autour de l'autel de la République (1) !

(Le chœur marche de nouveau vers l'autel de la République, autour duquel il danse une ronde guerrière qu'il interrompt aux passages expressifs pour

(1) Tout ceci est en français dans la pièce de M. Wagner.

exécuter le cancan en chantant : République ! République ! République ! blique, blique, etc.)

MOTTU

Attention ! Maintenant entrons en conseil de guerre (1) !

KELLER (dans son dialecte)

Citoyens ! je propose un langage plus compréhensible. Nous devrions cependant songer que toute l'Europe a les yeux sur nous, et comme nous jouons toujours la comédie, nous devrions, par égard pour le public allemand, lui rendre très-intelligible ce qui se passe ici, et lui prouver que nous, Alsaciens, nous sommes de très-ardents Français !

LEFÈVRE

Pas si bêtes ! Vraiment, nous jouons devant le public allemand ?

DOLLFUS

Quant à moi, je ne saurais plus *deutsch spreken*.

DIEDENHOFER

On s'y fera.

MOTTU

Bien ! bien ! pour un public allemand !

HUGO (comme précédemment)

Ah ! mon cœur se brise ! sur quelle scène immense me voici placé ! comme j'éclaire et j'inspire tout !

LE CHŒUR

Quelle est cette voix ? — On appelle du fond de l'égout.

HUGO (voulant sortir du trou)

Reconnaissez-moi ! Je suis Victor ! Victor !

LES VOIX (du fond)

Arrête ! Tu ne sortiras pas.

HUGO

O destinée !

LE CHŒUR

Un espion !

HUGO

Ne connaissez-vous pas mieux cette tête énorme ? ce front ? Titan-Prométhée ! qui écrivait des romans pleins d'épouvante, tandis que la misère vous consumait.

LES VOIX (du fond de l'égout)

Audacieux ! descends !

LE LIEUTENANT PERRIN

Ah ! ce nez, je le connais !

HUGO (se défendant contre ceux qui cherchent à le tirer dans l'égout)

Qui est-ce qui punit les tyrans ? Qui est-ce qui découvrit Troppmann ?, tandis que vous dansiez tous devant le tyran comme vous venez de le faire devant l'autel de la République, j'étais assis sur une île de l'Océan et découvrais les monstres qui se trouvent dans les profondeurs de la mer. Pendant que vous laissez les barbares vous épuiser par la famine, je traverse avec intrépidité les égouts pour venir à vous, pour vous procurer des vivres. Ne me reconnaissez-vous pas encore ? — (Se retournant.) Ah ! ne me déchirez pas les pans de mon habit !

LES VOIX (du fond)

Descends ! tu es des nôtres !

PERRIN

Citoyens ! c'est le diable, ou Victor Hugo en personne.

(1) En français dans le texte allemand.

LE CHŒUR (avec des cris de joie)

Hugo ! Hugo ! sors de ton trou !

FLOURENS (sous terre)

Oui ! oui ! tirez-le dehors, nous le tenons ferme !

HUGO (se retournant)

Inexorables démons, encore une question seulement ?

VOIX (d'en bas)

Sois bref.

HUGO

O mes amis ! des affaires de la plus haute importance me retiennent dans cet égout. Je vais revenir, vous pouvez y compter, je vais revenir avec l'aide du Tout-Puissant. — Mais répondez vite à ce qui me tracasse l'esprit. Quel changement de gouvernement s'est-il produit ? Pourquoi ne reste-t-il plus de l'Hôtel de Ville que le balcon ?

LEFÈVRE

C'est pour que le gouvernement ne se cache pas de nous : chaque fois que nous voulions le changer il courait toujours se cacher au grenier ; voilà pourquoi nous avons tout démoli.

HUGO

Mais alors où siége le gouvernement ?

VOIX (d'en bas)

Ah ! ah ! ah !

LEFÈVRE

Ici même, sur le balcon, et il dort dessous.

HUGO

Il dort en ce moment ? Où donc, je ne le vois pas ?

VOIX (d'en bas)

Tais-toi donc, vieux blagueur !

MOTTU

Allons, debout, qu'on se réveille !

HUGO

Ah ! quel gouvernement, tout de même !

VOIX DE FLOURENS

Nous allons le réveiller, le gouvernement, il faut que ça finisse ! En bas ! en bas !

LE CHŒUR

Voyez comme il lutte ! on l'entraîne sous terre. En haut ! en haut ! tenez-le ferme !

HUGO

Dieu, ne me déchirez donc pas ! — Maudite soit la grandeur !

(Le chœur tire Hugo par la tête, tandis que par-dessous on le tire par les pieds ; il s'allonge comme un élastique.)

CHŒUR

Nous le tenons ! ah ! il est déjà sorti du trou. En haut ! en haut ! tenez-le ferme !...

VOIX (d'en bas)

Nous ne le lâcherons pas ! En bas ! en bas !

(Lorsque le chœur a démesurément allongé le corps de Victor Hugo, Hugo se contracte brusquement et retombe dans le trou.)

LE CHŒUR (désappointé)

Il est disparu en bas ! Nous ne le tenons plus ! Nous l'allongions pourtant, nous le tirions pourtant à nous.

Mais crac, il disparaît tout d'un coup. Le diable aurait-il donc emporté Victor ?

DIEDENHOFER

C'était ignoble à voir !

MOTTU

Silence ! — On n'attaque pas de la sorte de vrais athées. Nous allons bientôt mettre ordre à tout cela. Appelez celui qui est chargé de réveiller le gouvernement. Il est inouï, en vérité, que l'on n'ait pas tiré le canon aujourd'hui.

LE CHŒUR (chantant à tue-tête sur un air militaire)

Gouvernement ! gouvernement ! où te caches-tu ?
Quand vas-tu battre les ennemis là-bas ?
A quoi rêvent les Jules ? Que fabrique Gambetta ?
En avant, Picard ! En avant, Rochefort !
Autrement nous mettons Flourens et Mégy à vos trousses.
Êtes-vous au Rocher de Cancale ?
Pendant que Paris souffre les tourments de Tantale ?
Général Trochu-le-Galérien !
Que faut-il au Mont-Valérien ? (1)
Nous avons du courage et sommes altérés de sang.
Tirer le canon nous fait du bien.
Il faut canonner, canonner, canonner.
Gouvernement, ne nous fais pas crier plus longtemps :
Gouvernement ! Bombardement !
Bombardement ! Gouvernement !
Gouvernement ! Gouvernement ! Gouvernement !
— ment ! — ment !

Le gouvernement, assis autour d'une table couverte d'un tapis vert, est poussé sur le balcon. Jules Simon écrit, Jules Favre et Jules Ferry se lèvent, ils s'embrassent étroitement, et expriment par leur pantomime une grande émotion.)

LE CHŒUR

Ah ! ah ! le gouvernement ! — les trois Jules ! — Il y en a deux qui s'embrassent ! — Oui, ils s'aiment bien. — Quelle émotion ! — Il faut pleurer !

JULES FERRY

Citoyens ! vous voyez ici la République de l'amour et de l'estime mutuelle !

LE CHŒUR

Oui, c'est magnifique ! allons, pleurons ensemble !
« Ouvrez les écluses. »

VOIX (d'en bas avec fureur et brusquement)

Non, pas encore !

LE CHŒUR

Les larmes vont couler !

VOIX (d'en bas)

Oui, comme cela, ah ! ah ! ah !

FERRY

Citoyens ! ménagez-nous, ménagez surtout Jules nº 1. Il est très-ému...

MOTTU

Justement, nous désirerions entendre le citoyen Favre.

KELLER

Nous entendrions plus volontiers parler la poudre.

DOLLFUS

Taisez-vous ! Imbéciles !...

LEFÈVRE

Silence ! Le gouvernement va parler ! — Qu'y a-t-il de neuf ?

(1) En français, dans l'original allemand.

JULES FERRY

O citoyens, mes amis, ô mes frères... Ayez pitié de Jules *premier* (sic) aux côtés duquel je me range volontiers comme *second*.

JULES SIMON (levant les yeux de dessus ses paperasses)

Allons, bon ! je ne vais plus pouvoir être que le troisième.

PERRIN

Allons, famille des Jules ! pas de discorde !

DOLLFUS

Pas de discorde !

KELLER

Ferme ta gueule, animal !

DIEDENHOFER

Qu'a-t-il donc à écrire toujours ?

JULES FERRY

Patience, citoyens. Il s'occupe des cultes, c'est ce qui le rend facilement irritable. Il est en train de prendre, en ce moment, une décision de la plus haute importance.

MOTTU

J'espère qu'il va signer le décret que je lui ai demandé... Citoyens, je propose d'instituer l'Athéisme.

(Jules Simon remue la tête, hausse les épaules, puis se remet à écrire.)

MOTTU

Il ne s'agit pas de hausser les épaules. Je veux mon décret. Je viens d'introduire l'Athéisme dans mon bataillon ; c'est la mesure la plus nécessaire à prendre si l'on veut sauver la République.

JULES FERRY

Citoyens, laissez moi combattre cette proposition ; elle est immorale. Qu'en pense mon collègue des cultes ?

JULES SIMON

C'est toujours vous, Ferry, qui venez me déranger dans mes occupations les plus graves ; parlez, blaguez, pour moi j'ai autre chose à faire.

MOTTU

Je veux qu'on prenne une résolution à la fin ! — Favre, allons donc, parlez !

FERRY

Mais, citoyens, ne voyez-vous pas dans quelle profonde tristesse est plongé le Grand Jules ? Il a une extinction de voix depuis la fameuse entrevue avec Bismarck, où les exigences insolentes de ce barbare l'empêchèrent de parler, sa voix étant couverte par les sanglots.

LE CHŒUR (avec des cris rauques)

Insolent, le plus insolent de tous !
Oh ! si l'on entendait seulement gronder le canon !
Canonnez, canonnez, canonnez !
Ou bien qu'on lise le griffonnage de Simon !

FERRY

Citoyens ! le gouvernement vous prie d'avoir égard aux nerfs de Favre.

DIEDENHOFER

Oui, il m'embête celui-là.

MOTTU

Pas de ménagements ! Je veux de suite mon décret sur l'Athéisme.
Vous ne m'échapperez pas, *sacre nom de*...—Pardon !

FERRY (à Jules Simon)

Qu'en pense le cher collègue des cultes? Cela ira-t-il comme ça?

SIMON

Sapristi! Laisse-moi donc écrire. Du reste, je pense qu'on peut conserver Dieu. Qu'on détruise les crucifix si l'on veut, ça m'est égal, je n'en fais rien.

FERRY

Ecoutez les sanglots du grand Jules. Il a une attaque de nerfs! Il frappe du pied. (Se parlant à lui-même.) Allons, courage. (Haut.) Citoyen Mottu, j'affronte courageusement ton esprit subversif : Saint Robespierre n'a-t-il pas décrété l'existence de Dieu? eh bien! nous allons la redécréter.

LE CHŒUR

Oui, oui, citoyen Mottu, tiens-toi tranquille.

HUGO (parlant sous terre)

Mais il faut que je monte maintenant.

VOIX (d'en bas)

Ne t'en mêle pas! Victor...

MOTTU

Mais, à la fin des fins, quelle décision va prendre Simon?

LE CHŒUR

Voyez, il signe, il plie le papier!

SIMON (se levant, son papier à la main)

Monsieur Perrin!

PERRIN

Me voilà; présent!

SIMON

Venez chercher votre réponse!

(Perrin monte l'escalier du balcon et Simon lui donne le papier.)

LE CHŒUR

Voyez, le citoyen Perrin,
Monte sur le perron,
Perron, Perrin,
Mirliton, ton, ton!
Nous le préférons à Plonplon, plon, plon!

PERRIN (lisant)

Le ministre des cultes arrête
Et décrète que l'Opéra se rouvrira.

LE CHŒUR

Bravo, bravo, bis! bis!

PERRIN

Vous en êtes redevables à mon habileté politique;
Et nous allons sauver la République.

MOTTU

Sauve plutôt l'Athéisme.

PERRIN

L'Opéra le sauvera mieux qu'un décret.

LE CHŒUR

Bravo, bravo! bis! bis!

FERRY (d'un air mélodramatique)

Voyez! le plus grand des Jules frappe du pied et sanglote à fendre l'âme. (Il écoute ce qu'il dit.) O citoyens, Favre proteste, il vous conjure de renoncer à l'Opéra, ce serait par trop frivole. Simon, qu'avez vous fait? Vous pouviez tout aussi bien décréter l'Athéisme.

DOLLFUS

C'est ce que je pense.

SIMON

Ce ne sera certainement pas si dangereux que cela.

FERRY

Citoyens! mais pensez donc que les théâtres ont été transformés en ambulances.

LEFÈVRE

Tant mieux, cela va amuser les malades.

LE CHŒUR

Ça va les guérir!

FERRY

Il faut épargner le gaz!

LE CHŒUR

On brûlera de l'huile! « Des lampions! des lampions! »

FERRY (à qui Favre souffle la réplique)

Mais les costumes frivoles? les épaules décolletées? Que va dire l'Europe si la République se présente comme cela pour ses répétitions générales?

LEFÈVRE

Elle s'enflammera et viendra la sauver. Cent armées viendront chasser les Prussiens et rendre hommage à la République.

DOLLFUS

Pas si mal.

PERRIN

Citoyens, je vais résoudre la question. Nous donnerons *Robert* et *Guillaume-Tell* en habit noir et en gants glacés.

LE CHŒUR

Les dames aussi en habit? Nous ne demandons pas mieux.

FAVRE (frappe du pied)

FERRY

Non pas, ce serait rabaisser le sexe!

PERRIN

Citoyens! Ecoutez-moi. Sauvons l'Opéra, et la République sera sauvée en même temps! Sacrifions quelque chose dans ce noble but, et faisons chanter les dames en costumes noirs ordinaires et non décolletés.

LE CHŒUR (avec dégoût)

Ah! ah! Fi donc!

KELLER

Dans ce cas-là je ne suis plus Français!

FERRY (comme précédemment)

Le grand Jules est satisfait.

SIMON

Faites comme vous voudrez, mais de cette façon vous ne sauverez pas la République. Il n'y aura pas une puissance qui voudra intervenir pour un opéra en costume noir et des quinquets pleins d'huile, — tout au plus la Suisse et le Pape pourront intervenir.

MOTTU

Etablissez l'athéisme, et Garibaldi viendra manger à la croque-au-sel tous ces bigots de Prussiens!

LEFÈVRE

Eh bien! commençons toujours par essayer l'opéra en costume de soirée : — Rossini, Meyerbeer, c'est pourtant quelque chose déjà.

PERRIN

J'ai mon plan. Seulement le gouvernement doit m'aider à me procurer des artistes. Ils sont tous partis pour l'armée. Ténors, barytons, basses, choristes, tous se battent à Strasbourg et à Metz, dans les plaines et sur les collines. Les chanteuses et les dames du ballet ont formé une troupe d'ama-

LE TÉTRALOGUE WAGNER

La France est un peuple de singes
(RICHARD WAGNER)

Nous avons **maintenant** *un art allemand*
(RICHARD WAGNER)

zones et défendent Sedan. Il faut que le gouvernement les dispense tous et toutes de leur service et me les envoie promptement à Paris.

LE CHŒUR

Allons, il faut les amener ici !
(Favre éclate en sanglots.)

FERRY

Mais, citoyens, comment serait-ce possible ? nous sommes cernés !

LE CHŒUR

Faisons une sortie ! canonnez ! Trochu ! Trochu ! Pourquoi ne canonne-t-on pas ?

LEFÉVRE

Cet imbécile de Trochu, il est donc myope... faire sortir de Paris nos meilleures troupes !

LE CHŒUR

Trahison ! trahison ! Qu'on amène ici les artistes de l'Opéra, nous voulons un opéra et surtout un ballet.

FERRY (d'un air désespéré)

Qui donc est dans ce ballon ? Tiens, on dirait que c'est Nadar.

NADAR (descendant sur la table du gouvernement)

Oui, moi-même en personne !
(Il est déguisé sous un costume incroyable que l'on reconnaît ensuite n'être qu'un ballon, et qui ne laisse voir que sa tête ; tout le monde est effrayé ; Favre tombe en syncope, Perrin renverse les musiciens de l'orchestre, le chœur se masse autour de l'autel.)

HUGO (sortant sa tête du trou du souffleur)

Il est temps que je vienne tout sauver ! Laissez-moi, il le faut.

VOIX (d'en bas)

Arrête, prends garde. Suis-nous, nous allons te conduire à un endroit où tu trouveras les acteurs en question.
(Hugo rentre dans le trou.)

LE CHŒUR (après un moment de stupeur)

Que signifie ce prodige ?

NADAR (branlant la tête et roulant les yeux)

Je suis Nadar ! le sauveur de la République ! Que le gouvernement accepte mes conseils et j'irai à travers les airs à l'endroit qu'il voudra m'indiquer.

GAMBETTA (sortant de dessous la table)

Halte ! J'en suis dans ce cas. Je rêvais de toi cette nuit, ô Nadar ! Nadar, je suis ton homme. Vous, citoyens, gonflez-le !
(Il tire de dessous la table un énorme soufflet.)

FERRY

Favre s'étonne ? Simon mâche son porte-plume ? O Gambetta, en voilà un beau diable !

GAMBETTA

Allons, citoyens, mettez tous la main à l'œuvre, surtout prenez garde à Nadar, autrement il va se mettre à vous photographier.

LE CHŒUR

Qu'y a-t-il à faire ?

GAMBETTA

Aidez Nadar à se hisser sur l'autel de la République.
(Le chœur se passe Nadar de main en main et le dresse sur l'autel de la République. Le chœur fait marcher le soufflet en cadence avec accompagnement de la musique militaire.)

GAMBETTA

Maintenant, soufflez, soufflez, citoyens de Paris,
Jusqu'à ce que Nadar soit entièrement gonflé.
Il est déjà plein de gaz dans le ventre.
Ce n'est qu'un amusement pour lui !

LE CHŒUR (en travaillant)

De l'air ! de l'air ! O fils du ciel !
Déjà Nadar se gonfle avec l'air de Paris.
Avec la lumière,
Il sait copier notre physionomie.
Et dans l'air,
Il remplace le télégraphe !
(Le ballon qui enveloppe Nadar est entièrement gonflé ; sa tête disparaît dans les airs, et il regarde en bas avec une lorgnette.)

NADAR

La nacelle, la nacelle !

GAMBETTA (parmi les choristes et d'un ton impérieux)

Où as-tu mis la nacelle ?

NADAR

Tendez la corde afin que je redescende. La nacelle, mais c'est l'emblème de la République ! Voyez, citoyens...
(Il sort à demi du ballon, prend sur l'autel le bonnet phrygien, l'allonge et en fait une petite nacelle qu'il attache avec des ficelles au ballon.) Je prends la hache pour couper le câble au besoin.

LE CHŒUR

O esprit inventif, esprit inventif,
Comme tu sais te tirer vite d'embarras,
Nadar, Nadar,
Aigle libre...
Il fait du bonnet de la République une gondole.
Qu'est-ce auprès de ça que les tours de Blondel ?

NADAR

All rigth ! Gambetta, monte donc !
(Gambetta monte.)

LE CHŒUR

Allons, courage,
En route !

GAMBETTA

Citoyens...

NADAR

Pas encore. Elevons-nous un peu d'abord. Lâchez la corde. (Le ballon s'élève un peu.) Bien, ça va mieux à présent. N'oublie pas que l'Europe a les yeux sur nous. (Il rentre sa tête dans le ballon.)

LE CHŒUR

Ah ! c'est divin, c'est magnifique !
Il faudra que nous ayons aussi un ballon dans notre Opéra.
(Perrin en prend note sur son calepin.)

GAMBETTA (chantant)

La liberté a disparu du monde.
Il n'y a plus que des maîtres et des esclaves.
(Parlant). C'est ainsi que chante un poète de cette nation asservie par un tyran et qui nous envahit aujourd'hui. Mais (chantant) :
« Vous ne l'aurez pas...
Le libre Rhin allemand ! »
Ainsi répond un spirituel poète français. Voilà pourquoi, citoyens, je quitte la terre où règne l'esclavage et je m'en vais à travers les airs. Ainsi,

écoutez-moi : Citoyens, fiez-vous à l'air ; votre salut viendra par lui. Bientôt, dans une minute, aux yeux des Prussiens et de l'Europe, je vais descendre près du Rhin, conduire les garnisons de Strasbourg et de Metz à la victoire, et je ferai Troppmann prisonnier dans Sedan, etc.

PERRIN

Amène plutôt la troupe de l'Opéra.

LE CHŒUR

Oui, c'est ce qui importe le plus.

GAMBETTA

Nadar, descendons un peu ! on me comprend mal en bas !

LA VOIX DE NADAR

Au contraire, ils te comprendront mieux si nous nous élevons encore. Lâchez tout !

(Le chœur lâche les cordes. Le ballon monte encore. Cris de joie.)

GAMBETTA (criant)

Adieu, citoyens, le vaisseau de la République m'emporte loin de vous. (A Nadar.) Où est le porte-voix ? (Nadar le lui passe.) Le vaisseau de la République m'emporte loin de vous, je ne reviendrai de l'océan aérien que victorieux, et je ne marcherai sur la terre que sur les ruines de l'*Ancien Régime !* Adieu !

DIEDENHOFER

Qu'est-ce qu'il dit ?

LEFÈVRE

Qu'il ne reviendra qu'avec le corps de ballet.

LE CHŒUR

Gambetta ! Nadar !
Couple béni,
En joyeux *équipage*
Nous vous souhaitons *bon voyage,*
Gouvernement sublime.
Adieu et *vole au vent,*
Gouvernement, gouvernement,
Vol-au-vent, vol-au-vent.

(Jules Favre et Ferry s'embrassent. Simon écrit. Le ballon s'élève au-dessus de la scène et va s'accrocher au clocher de Notre-Dame.)

GAMBETTA

Nous sommes accrochés.

LE CHŒUR

Ils sont accrochés au clocher.
(Nadar sort la tête et travaille aux câbles.)
(A Gambetta.) — Bavarde un peu !...

GAMBETTA

Mais qui m'écoutera ? je ne vois personne...

NADAR (lui donnant une énorme lorgnette)

Regarde avec cette lorgnette et dis-moi ce que tu vois. Tourne-toi de ce côté, voilà Strasbourg ! (Il le tourne du côté de la statue de Strasbourg.)

GAMBETTA

(Les yeux collés à la lorgnette et le porte-voix à la bouche.)

Ah !

LE CHŒUR

Ah !

GAMBETTA

Strasbourg !

LE CHŒUR

Strasbourg !

GAMBETTA

Strasbourg tout couvert de fleurs ! Grande fête ! On ne voit plus un seul Prussien. Notre armée fait bien les choses, c'est tout comme à Paris...

LE CHŒUR (transporté, chante en dansant)

O Strasbourg, ô toi, ville magnifique, etc.

GAMBETTA

L'armée chante la *Strasbourgeoise* en dansant. (*Favre et Ferry s'embrassent.*) Le préfet et le maire s'embrassent de joie. (Jules Simon écrit.) L'adjoint écrit la dépêche annonçant la victoire ! (*Grands cris de joie.*) Joie délirante, allégresse générale !

PERRIN

Ah ! voici mes acteurs et mes choristes !

LE CHŒUR (criant)

Amène les acteurs ! air ! air ! Nous allons entendre un opéra !

NADAR (détachant le ballon)

Attention ! (Il rentre dedans.)

GAMBETTA (chancelle)

Gamin ! (1) Un peu plus je perdais ma lorgnette et mon porte-voix. Qu'as-tu donc fait ?

LA VOIX DE NADAR

Tiens-toi tranquille, pas de fâcheries, ou je te jette dehors ! (Le ballon s'élève un peu, puis va s'accrocher au faîte du Panthéon.)

GAMBETTA

Imbécile ! nous voilà encore accrochés.

LE CHŒUR

Ils sont suspendus dans un drôle de nid.
Tous les dieux les soutiennent.

NADAR (en arrangeant de nouveau les câbles)

Regarde et bavarde en même temps !

LE CHŒUR

Il observe ! Gambetta que vois-tu ?

GAMBETTA (comme plus haut, la lorgnette tournée du côté de la statue de Metz et le porte-voix collé à la bouche.)

Ah ! je vois Metz...

LE CHŒUR

Ah !

GAMBETTA

Tout couvert de couronnes !

PERRIN

Quel beau costume pour le ballet...

DIEDENHOFER

O Metz, ô ville, combien tu es belle !

LE CHŒUR

« *En avant, marchons,* » — au ballet de l'Opéra !

GAMBETTA

L'armée est remplie d'allégresse ! Bazaine danse avec son état-major autour de l'autel de la République !... Il ne nous reconnaît pas !

PERRIN

Ah ! mes danseuses y sont aussi !

GAMBETTA

Plus un Prussien, tous chassés ! (*Favre et Ferry s'embrassent et Simon écrit toujours.*) Le préfet et le maire s'embrassent en pleurant de joie. L'adjoint rédige la dépêche annonçant la victoire. (*Cris de joie du chœur.*) L'allégresse va crescendo !

PERRIN

Ah ! je reconnais ma troupe !

____

(1) En français dans le texte allemand.

LE CHŒUR (criant)
Ohé, ohé ! amenez le ballet !
NADAR (qui a détaché le ballon du Panthéon)
Tiens-toi bien, Gambetta !

GAMBETTA
Où allons-nous ?

NADAR
Dans les airs.
(Il rentre sa tête; on ne le voit plus.)
(Le ballon se balance quelque temps de côté et
d'autre ; tantôt au-dessus de l'orchestre, tantôt au-
dessus du chœur et toujours aussi loin que possible
du public.)
LE CHŒUR (accompagnant le départ du ballon)
O toi, délicieux Gambetta.
O toi, joyeuse *trompetta* (*sic*),
O vaisseau des airs,
Qui vogue dans le ciel.
Tu les vois danser, tu les entends chanter.
Oh ! amène-les-nous par-dessus les retranchements.
GAMBETTA (à Nadar)
Où sommes-nous, à présent ?
LA VOIX DE NADAR
Regarde-le toi-même.
GAMBETTA
J'ai le vertige.
LA VOIX DE NADAR
Alors, dis des blagues.
LE CHŒUR
Oh! oui; dis des blagues. Bavarde, bavarde en-
core.
Dis-nous? Vois-tu encore l'armée des barbares ?
GAMBETTA (après que Nadar a tourné la lorgnette du
côté du public)
Ah !
LE CHŒUR
Ah !

GAMBETTA
Il y a beaucoup de monde, mais ce sont nos alliés;
on nous sourit, je les reconnais.
LE CHŒUR
Comment! Garibaldi est à nos portes ?
GAMBETTA
Non, pas Garibaldi. L'Europe entière est interve-
nue et vient à nous. De ce côté je vois l'Angle-
terre, les lords et les membres de la Chambre des
Communes. Par ici la Russie, les Polonais et les
Cosaques! Par là l'Espagne, les Portugais et les
Juifs (1).
LE CHŒUR
Et les Allemands ?
GAMBETTA
Ils sont tranquillement parmi les autres. Ils ont
capitulé et sont contents de pouvoir revenir dans nos
théâtres.
LE CHŒUR (avec une joie délirante)
Canonnez! canonnez!
Quand va-t-on canonner?
Tonnére-Paraplue! (*sic*.)
Quand Trochu va-t-il canonner?

(1) On sait que Wagner est l'ennemi acharné des Juifs; il
a écrit un pamphlet contre tous les compositeurs israé-
lites.

(Grande joie dans le public. Favre et Ferry s'em-
brassent.)
PERRIN
Ah ! je connais bien ce bruit. Mais je n'ai pas en-
core ma troupe. Comment vais-je pouvoir ouvrir
l'Opéra ? Comment faire danser le ballet?
LE CHŒUR
Malheur! Je meurs de honte!
Toute l'Europe est arrivée.
J'entends l'orchestre,
Et l'Opéra manque toujours et se fait attendre.
Perrin! Perrin! ouvre l'Opéra,
Ou bien nous allons battre le gouvernement comme
plâtre...
PERRIN
Citoyens, je n'y puis rien. Adressez-vous au gou-
vernement. Je ne suis pas en ballon, moi !
FERRY
Ça devient sérieux. (Montrant ses mains vides.)
Hé! Gambetta, ne peux-tu pas amener ici des comé-
diens?
GAMBETTA (se rapprochant de la scène)
Ah ! je ne vois pas de comédiens!
LE CHŒUR
Mais les costumes, les costumes nécessaires?
GAMBETTA (à Nadar)
Nadar, conseille-moi !
NADAR (regardant)
Regarde devant toi. Tiens bien les câbles pour que
nous n'accrochions pas encore une fois aux églises!
Derrière les coulisses, derrière les coulisses!
(Le ballon se balance au-dessus de la scène.)
LE CHŒUR
Maintenant, va-t-il dans la bonne direction?
Tends la corde derrière les coulisses !
Cordon, cordon, cordon, s'il vous plait (1) !
Coulisses, costumes et *tschenperetwh!*
(Pendant que le ballon flotte de côté et d'autre et
que Gambetta regarde à droite et à gauche, on en-
tend un grand bruit souterrain de chaudrons qui
s'entre-choquent.)
VOIX SOUTERRAINES
Poumperoumpoum! poumpoum! ratterah!
Ça ira! ça ira! ça ira!
Aristocrats. Crats, crats!
Courage! En avant! Rats, rats !
Vous rats! vous rats! Poumpoum, raterah !
MOTTU
Trahison! Aux armes, citoyens! — Formez les
bataillons!
LE CHŒUR (se met en rang)
Aux armes! aux armes!
VOIX DE FLOURENS (sous terre)
En avant! Ne reculez pas! Le bélier en avant!
(Victor Hugo, avec deux cornes de bélier sur la
tête, sort du trou du souffleur; il se tient raide dans
une cotte de mailles.)
HUGO
Malheur! malheur! Trahison! trahison!
LE CHŒUR (bondissant en arrière)
Victor, que viens-tu faire ici, *polisson* (1) ?
HUGO
C'est pour vous sauver
Que la France m'a armé!

(1) En français.

Avec les armes, la cuirasse et la cotte de mailles,
Instruments de la civilisation.

LA VOIX DE FLOURENS

En avant! Pas de bavardages! Portez armes! Ho!
hé! Frappez! Marche!

(Hugo, qui marche comme un bonhomme méca-
nique, fait quelques pas, puis est renversé. Le chœur
se disperse. Hugo reste étendu tout de son long par
terre. Flourens, Mégy et une foule de turcos dé-
guisés en jacobins sortent du trou du souffleur.)

LE CHŒUR (se reculant d'effroi)

La République rouge!

FLOURENS

Non, pas la République rouge; regardez-nous :
nous sommes la République noire!

LE CHŒUR

Ciel! Ils sont tout en noir! *Sauve qui peut!* Sauvez
le gouvernement!

(Le chœur se sauve au milieu de la scène et
occupe l'escalier du balcon. Favre est tombé en
syncope. Ferry s'efforce de le ranimer; Simon mord
son porte-plume.)

LE CHŒUR

Canonnez! canonnez! Quand va-t-on canonner?

FLOURENS, s'emparant, lui et sa troupe, de l'orchestre.

Mégy, attaque! Aide-moi à mettre Hugo en place.
(Ils déposent Hugo sur l'autel, les habits noirs dansent autour.) Maintenant, debout, Victor!

HUGO, sans bouger.

Citoyens, vous êtes trompés,
On vous mène par le bout du nez.
Je me suis armé pour vous dire
Où se cachent les criminels. Au fond des égouts.
C'est en rampant que
Nous avons pu parvenir
Jusqu'au milieu des Prussiens.
Strasbourg et Metz
Sont au pouvoir de l'ennemi.
A travers les casemates
Les rats seuls ont pu se sauver.

LE CHŒUR, avec colère.

Quoi! des rats, des rats? Ni ballet, ni opéra?
O canaille de Gambetta!
Il a filé avec Nadar.
Canonnez, canonnez!
Quand va-t-on enfin canonner?

FLOURENS

J'y ai veillé. Le Mont-Valérien est des nôtres.
Allons, là-bas, tirez.

(Il va au fond et fait un signal avec un drapeau
noir. Aussitôt une terrible canonnade se fait entendre.)

LE CHŒUR

Ah! les canons!
Comment l'en récompenser?

HUGO

Courage, citoyens,
Cela va bien.
Tout n'est pas encore perdu.

FLOURENS

Maintenant, Mégy, à ton tour; allons, les noirs,
descendez avec le gouvernement! (Il donne un
signal avec un sifflet.) Et vous, en bas, sortez.

VOIX SOUTERRAINES.

Pip! pip! pip! pschihihihi! etc.

(Des rats énormes sortent brusquement du trou
du souffleur; ils se rangent bruyamment à droite
et à gauche de la scène.)

FLOURENS

Debout, fidèles rats! Que la terreur vous accom-
pagne au milieu des ennemis. (Il conduit, avec son
lieutenant Mégy, les noirs à l'assaut du balcon. Le
chœur veut se réfugier de chaque côté derrière les
piliers; alors les rats renversent ces piliers et font
fuir les gardes nationaux jusqu'au milieu de l'orchestre.)

LE CHŒUR (s'approchant de l'autel)

Victor! Victor! nous t'implorons.
Chasse ces rats maudits!

(La canonnade continue dehors. Les noirs s'em-
parent de Favre, Ferry et Simon.)

FERRY (élevant les mains)

Gambetta! Gambetta! au secours!

VOIX DE NADAR (dans l'air)

Sacrée canonnade! Je suis touché!

(Le ballon tombe au milieu de la scène. Gambetta
s'y attache et est emporté avec lui jusqu'au Panthéon où il reste assis pendant que le ballon vient
retomber sur l'autel de la République et recouvre
entièrement Victor Hugo. Les rats rongent les bou-
quets et les couronnes des statues. Le chœur est
rempli de frayeur.)

FLOURENS

En avant, Mégy! Descends le gouvernement.

(Les noirs portent les trois Jules vers l'orchestre
et les font descendre par le trou du souffleur.)

GAMBETTA (du haut du Panthéon, parle avec son
porte-voix)

Citoyens! Français! à moi! Je suis ici à Tours, et
je viens vous sauver!

FLOURENS

Oui, viens donc, descends à la fin, vieux fou,
vieille canaille! Attention, fidèles noirs, faites
bonne garde et ne laissez pas les trois Jules s'échap-
per. (Deux noirs se mettent à garder le trou du
souffleur.) Où diable est allé Victor? Serait-ce Nadar
qui l'a asphyxié. Ça ne fait rien, allons occuper
le fauteuil du gouvernement. (Il prend place avec
les siens sur le balcon.)

LE CHŒUR

O Victor! quel tragique événement
T'étouffe sur l'autel de la République?
Le remarquez-vous, cela sent mauvais.
Nadar et Victor mêlent leur sang.

FLOURENS (sur le balcon)

Maintenant je proclame...

MÉGY

Tu proclames?

LES NOIRS

Il proclame!

CHŒUR

Nous proclamons...

FLOURENS

L'athéisme!

MOTTU

Bravo! bravo!

FLOURENS

Le communisme !

MOTTU

Bravo ! bravo ! bis ! bis !

FLOURENS

La République noire !

GAMBETTA (toujours à la même place)

La République des rats !

LE CHŒUR

Non ! la République des chats ! chats ! chats ! au chat !
Les rats cruels veulent nous manger.
Gambetta, ah ! cher Gambetta,
Sauve-nous si tu le peux.
(Les rats sont toujours près des piliers, ils ont un air menaçant.)

GAMBETTA (dirigeant sa lorgnette sur les rats)

Ah !

LE CHŒUR

Ah !

GAMBETTA

Ah !

LE CHŒUR

Ah !

GAMBETTA

Tout est sauvé, tout danger a disparu. Ouvrez les boutiques, les cafés, les restaurants. Les affaires vont reprendre. Vous avez maintenant de quoi vous nourrir.

FLOURENS

Canaille ! La ville est affamée !

LE CHŒUR

Fi donc !

DIEDENHOFER

Ah ! si nous avions ici des bœufs et des moutons de Metz !

FLOURENS (indiquant les rats)

Alors, mange-les, c'est tout ce qu'il reste de Metz.

LEFÈVRE

Comment pourrait-on les manger ?

VÉFOUR

A la sauce aux rats. Charmant, n'est-ce pas ?

LE CHŒUR

Rats à la sauce ! sauce aux rats !
Apportez vite, avant que nous ne soyons morts de faim.

GAMBETTA (comme précédemment)

Sauvez l'avenir de la patrie !
Que la garde *mobile* sauve la République !

FLOURENS

Fanfaron, blagueur, tais-toi ! Ni mobile, ni mabile.

LE CHŒUR

Allons, Véfour, Chevet, Vachette, accourez.
Et servez-nous promptement un ragoût de rats.
C'est ainsi qu'on guérit la faim par la peur.
Il est midi et nous n'avons pas encore dîné.
Que le diable emporte la garde nationale !
(Véfour, Chevet et Vachette s'empressent de courir aux cuisines.)
Où sont les bouchers ? A l'ouvrage, Turcos !
Vous mangez bien les rats même sans sauce.
(Les Noirs courent après les rats qui se sauvent de tous côtés, le chœur se met aussi à les poursuivre.)

GAMBETTA (comme précédemment)

Arrêtez ! je vois le bal Mabille ! Ne dévorez pas votre bonheur !

FLOURENS

Tais-toi, espèce de Troppmann ! Vous autres, prenez, tuez et mangez les rats, c'est ce qu'il faut faire : quelqu'un sort du trou. Tiens, le drapeau noir est planté !
(Mégy plante le drapeau noir sur le balcon. Quand le tumulte est arrivé à son comble, on entend sortir du trou du souffleur les sons d'un trombone jouant un air d'Offenbach. Les deux sentinelles en noir se mettent à danser.)

LE CHŒUR

Voyons, qu'est-ce que cela ? un parlementaire ?

La voix de FERRY (en dessous)

En avant, Offenbach, courage ; allons, Simon, aide-moi à le pousser.
(Offenbach, tout en continuant à jouer du trombone, sort à moitié du trou du souffleur.)

LE CHŒUR

Trahison ! les Prussiens sont entrés secrètement.
« Aux armes, aux armes », il faut les canonner !
(Sur la scène, le tumulte augmente toujours ; la poursuite des Turcos contre les rats prend le caractère d'une contredanse.)

FLOURENS

Qu'est-ce qu'il y a ? Trahison ! Les Prussiens ! Attaque, Mégy, nous sommes perdus.

GAMBETTA (toujours de même)

Sauvez la République ! Nous sommes tous perdus !

FLOURENS

Toi là-haut, tu peux te plaindre, va, drôle. Où est Nadar, nous voulons aussi partir en ballon.

GAMBETTA

Nadar, non, viens vers moi.

Les trois JULES (en dessous)

Va z'y donc, courage ! Joue plus fort. Tu gonfleras Nadar en même temps.
(Offenbach joue encore plus fort, le ballon se gonfle, le chœur se bouche le nez.)

LE CHŒUR

Divin, céleste, superbe !
Le gaz ne sent pas bon, c'est vrai.
Mais il faut que Nadar fasse une ascension.
Il ne peut s'y refuser.
(Le ballon s'enlève très-doucement : dans la nacelle se tient Victor Hugo, déguisé en génie de la France. Les trois Jules continuent à pousser Offenbach qui joue toujours ; ils le mettent sur leurs épaules et le portent sur l'autel de la République où il reste assis les jambes pendantes.)

FLOURENS

Voyez ces canailles de Jules ! Ils ont capitulé et ils amènent eux-mêmes les Prussiens. Arrière, arrière, sauvez-vous, sauvons-nous ! (Il saute en bas du balcon.)

FERRY

C'est une calomnie, nous n'avons pas capitulé ! Nous vous amenons cet homme universel et international qui nous procurera l'intervention de toute l'Europe. On est invincible et l'on a l'univers pour ami lorsqu'on le possède dans ses murailles. Ne reconnaissez-vous pas l'auteur d'*Orphée*, Offenbach en un mot ?

LE CHŒUR (en dansant)
Krak ! Krak ! Krakerakrak !
C'est le sire Jack Offenback !
Dehors, dans le fort, qu'on ne tire plus le canon !
Afin que nous ne perdions rien de la mélodie.
(La canonnade continue, mais très-faiblement, et
peu à peu la grosse caisse de l'orchestre la remplace.)
Oh ! combien c'est doux et agréable !
Et en même temps commode pour les pieds !
Krak ! Krak ! Krakrakrakerakrak !
O délicieux Jack Offenback !
(Les trois Jules ont repris possession du balcon.
Hugo est en ballon au-dessus de l'orchestre.)
OFFENBACH (commandant)
Changez ! (1).
(Les rats se changent en danseuses de ballet vê-
tues de costumes légers. Perrin les passe en revue.)
LE CHŒUR
Oh ! le plus agréable des miracles,
Quintessence du spectacle,
Toutes décolletées,
Chaussées légèrement !
Notre estomac ne souffre plus de la faim.
Nous pouvons à présent supporter la famine.
Petits soupers charmants et spirituels,
Vous valez mieux que des dîners matériels.
Le ballet, le ballet, le ballet est là,
Malheur à l'ennemi s'il s'approche.
FERRY
O sauveur de l'Etat ! toi qui métamorphoses les rats,
Joue toujours avec plus de mélodie encore si c'est
possible.
Orphée quitte les enfers,
Pour accoupler l'art avec la République !
GAMBETTA (toujours à la même place)
Et personne ne pense à moi, qui avais prévu et
prédit ce prodige !
FERRY (montrant Gambetta d'un geste plein
d'emphase)
Soyez vertueux, citoyens ! et pour votre récom-
pense
Vous irez un jour vous asseoir avec Gambetta au
Panthéon.
FAVRE (violemment)
Ah ! je ne puis nier plus longtemps le prodige !
La voix me revient. Je vais parler !
LE CHŒUR (avec passion)
Mieux vaut danser, mieux vaut danser !
FAVRE
Citoyens, écoutez ma voix !
LE CHŒUR
Non, non, chantez, dansez.
FAVRE
C'est parler que je veux ! Citoyens, le courage, la
vertu et l'abnégation sont les premières vertus, les
premiers devoirs d'un républicain. (Il continue de
parler sans qu'on fasse attention à ce qu'il dit.)
LE CHŒUR
Chantons et surtout dansons.
LEFÈVRE
Qui veut commencer à chanter ?

(1) En français.

PLUSIEURS VOIX
Offenbach ! Offenbach !
(Offenbach s'excuse par une pantomime très co-
mique et recommence à jouer du trombone.)
LE CHŒUR
Nous voulons un ballet et de fins soupers
Et par-dessus le marché de vigoureux couplets
républicains.
HUGO (dans le ballon, habillé en génie de la France)
Vous appelez le chanteur qui surpasse tous les
autres chanteurs,
Qui vogue à travers les nuages comme un génie !
Je chante l'histoire véridique
Et la victoire du peuple saint.
Je chante ses victoires
Sur le Rhin et sur la Loire
Et sa gloire éternellement éclatante.
Je chante tout cela dans de gracieuses romances,
Dans des stances d'un mètre nouveau
Et Paris doit m'accompagner de ses danses ! (Tout
le monde se range pour la contredanse, le chœur
des gardes nationaux avec les dames du ballet ; les
Turcos font toutes sortes de culbutes et de cabrioles.
Jules Favre continue jusqu'à la fin de la pièce un
discours plein de feu dont on n'entend que quelques
mots tels que : « Honte éternelle ! Jamais ! jamais !
jamais ! Pas une pierre ! Les exigences du barbare ! »
le tout accompagné de gestes pathétiques. Pendant
ce temps Jules Ferry s'efforce de le calmer. Jules
Simon écoute les vers improvisés par Victor Hugo
et les écrit à la hâte. Gambetta regarde tout à tra-
vers sa lorgnette et chante avec son porte-voix les
refrains en même temps que le chœur ; mais il ne
chante jamais en mesure et est toujours en retard.)
LE CHŒUR
(Offenbach donne le signal et dirige l'orchestre.)
Dansons ! chantons !
Mirliton ! ton ! ton !
C'est le génie de la France
Qui veut qu'on chante et qu'on danse ! (1).
HUGO
(Récitatif qu'il débite en s'accompagnant sur une
lyre d'or.)
Tout ce qui est historique
N'est qu'un — *trait* —
Et moi je fais un *fait*
De tout ce qui est purement poétique !

(Il chante)

Je suis le vrai *génie de la France*,
Je ne perds jamais *contenance*,
Victoire, *gloire*,
Je prédis tout !
Civilisation,
Pommade, savon, etc.,
Voilà mes principales *passions*.
Chantez, dansez,
Allez aux soupers.
Je veux qu'en France on s'amuse
Et je n'exige de personne des excuses.

(1) Tous les mots en italique sont en français dans le texte
original.

OFFENBACH (commandant)
Chaîne des dames ! — (On danse.)
LE CHŒUR (en dansant)
Dansons, chantons !
Aimons, soupons !
C'est le génie de la France,
Qui veut qu'on chante et qu'on danse !
HUGO
Les Barbares ont traversé le Rhin,
Miriton ! Miriton ! tontaine !
Nous nous sommes tous réfugiés à Metz.
Ainsi l'a voulu le maréchal *Bazaine !*
Miriton ! plon ! plon ! A la bataille de Sedon.
Il a été battu le furieux Mac-Mahon.
Le général Troché,
Troché, Trochu !
Laladrons, Ledru,
A mis toute l'armée,
Dans les forts de Paris.
Tout cela est arrivé,
En l'an *mille huit cent soixante-dix !*
Je suis le vrai génie de la France ! etc.
OFFENBACH
Chassez croisé.
LE CHŒUR
Dansons, chantons, etc.
HUGO
Maintenant c'était notre tour à passer le Rhin.
Miriton, miriton, tontaine !
Nous avons pris toute l'Allemagne,
A la tête Mahon et Bazaine.
Schnetteretin ! tin ! tin !
Mayence et Berlin,
Du Danube et de la Sprée jusqu'au Rhin.
Général Monsieur
Allez à Wilhemshœhe.
Tropfrau, Tropmann,
Tratratan, Tantan.
Avec trois cent mille hommes.
En l'an *mille huit cent soixante-dix*, etc.
OFFENBACH
En avant deux !
LE CHŒUR
Dansons, chantons, etc.
HUGO
Pourtant *la France*, la *généreuse* France,
Aime à couvrir la nudité de ses ennemis.
Nous vous avons tous battus,
Maintenant nous allons vous parler raison.
Ce n'est pas comme ennemis que vous avez pris Paris,
Nous vous le donnons comme à des *amis.*
Pourquoi frapper à la porte des forts ?
Nous vous aurions bien ouvert la porte,
De tous vos désirs :
Cafés, restaurants,

Diners de gourmands,
Garde mobile
Et bal Mabile,
Mystères de Paris
Et poudre de riz,
Chignons et pommades,
Théâtres et promenades,
Cirque, Hippodrome,
La colonne Vendôme.
Concert populaire, que voulez-vous de plus pour
vous y plaire ?
Et toi, peuple de penseurs,
Que te font de semblables malheurs?
Si vous êtes grossiers et dégoûtants ?
Nous vous rendrons élégants.
Qui pourrait trouver agréable votre *Faust?*
Si Gounod ne l'avait fait bien joli ?
Don Carlos et *Guillaume Tell*
Nous leur tannons le cuir.
Que saviez-vous de *Mignon ?*
N'avons-nous pas joué cela sur le *Mirliton ?*
N'avez-vous pas bredouillé Shakespeare ?
Nous trouvons *Hamlet* goûtable.
Pourtant si vous avez du génie
Vous serez applaudi des Parisiens :
Orphée sortant des Enfers
Nous l'avons mis sur la scène.
OFFENBACH
Chaîne anglaise !
HUGO
Ainsi, venez et faites-vous friser,
Parfumer, civiliser
La grande nation
Ne demande rien pour cela.
Elle ne veut jamais tirer profit de vous.
Que les soldats s'en aillent !
Venez, venez, diplomates !
Diners, soupers!
Venez à nous, attachés !
OFFENBACH
Galop !
HUGO
Je suis le véritable génie de la France, etc.
LE CHŒUR
Dansons, chantons, etc.
(Pendant la danse finale, des attachés d'ambassade
des diverses nations européennes sortent en foule
du trou du souffleur, des ambassadeurs des autres
pays du monde sortent aussi ; puis viennent les
directeurs des théâtres royaux d'Allemagne ; ils
dansent avec les femmes d'une manière maladroite
et le chœur s'amuse à les persifler.)
REFRAIN ET BALLET
(A la fin Victor Hugo est éclairé par des feux de
Bengale dans une apothéose.)

aris. — Imprimerie F. DEBONS ET Cⁱᵉ, 16, rue du Croissant.

Edition avec Memento

AIR NATIONAL AUTRICHIE

POUR PIANO

DE

J. HAYDN

Prix: 5ᶠ.